Wahre Stärke
kommt von innen

Mit positiven Gedanken
den Alltag meistern

Die Hoffnung
ist wie ein *Sonnenstrahl,*
der in ein trauriges Herz dringt.
Öffne es weit und lass sie hinein.

FRIEDRICH HEBBEL

Man muss warten können,
das *Glück* kommt schon.

PAULA MODERSOHN-BECKER

Lachen und Lächeln
sind Tor und Pforte, durch die viel Gutes
in den Mensch hineinhuschen kann.

CHRISTIAN MORGENSTERN

Wenn es einen *Glauben* gibt,
der Berge versetzen kann,
so ist es der Glaube an die eigene *Kraft.*

MARIE VON EBNER-ESCHENBACH

Die größten Menschen
sind jene, die anderen *Hoffnung*
geben können.

JEAN JAURÈS

Verbringe nicht die *Zeit*
mit der Suche nach einem Hindernis.
Vielleicht ist keines da.

FRANZ KAFKA

Es ist ein großer *Vorteil* im Leben,
die Fehler, aus denen man lernen kann,
möglichst früh zu begehen.

WINSTON CHURCHILL

Am Ende wird alles *gut.*
Wenn es nicht gut ist,
ist es noch nicht das Ende.

OSCAR WILDE

Wir können den *Wind*
nicht ändern, aber wir können
die Segel richtig setzen.

ARISTOTELES

Jeder Mensch hat die *Chance,*
mindestens einen Teil
der Welt zu verbessern,
nämlich sich selbst.

PAUL DE LAGARDE

Die *Zeit*
verwandelt uns nicht,
sie entfaltet uns nur.

MAX FRISCH

Pessimismus führt zu Schwäche,
Optimismus zu Macht.

WILLIAM JAMES

Optimismus

Begegne dem, was auf dich zukommt,
nicht mit Angst,
sondern mit *Hoffnung.*

FRANZ VON SALES

Wer lachen kann, dort,
wo er hätte heulen können,
bekommt wieder *Lust* zum Leben.

WERNER FINCK

Die Zeit ist schlecht?
Wohlan.
Du bist da, sie besser
zu machen.
THOMAS CARLYLE

Es kommt vor allem darauf an, *entschlossen* zu beginnen.

TERESA VON ÁVILA

Suche nicht nach Fehlern,
suche nach *Lösungen.*

HENRY FORD

Der Glaube an unsere Kraft
kann sie ins Unendliche verstärken.
FRIEDRICH VON SCHLEGEL

Mut ist nichts anderes,
als immer bis zum Ende zu gehen.

EDITH PIAF

Du kannst nicht verhindern, dass ein Vogelschwarm

über deinen *Kopf* hinwegfliegt.

Aber du kannst verhindern, dass er in deinen Haaren nistet.

MARTIN LUTHER

Das ganze Leben ist
ein ewiges *Wiederanfangen.*

HUGO VON HOFMANNSTHAL

Intelligenz ist die Fähigkeit,
sich dem *Wandel* anzupassen.

STEPHEN HAWKING

Wandel

In den Tiefen des Winters
erfuhr ich schließlich, dass in mir
ein unbesiegbarer
Sommer liegt.

ALBERT CAMUS

Mut steht am Anfang
des Handelns,
Glück am Ende.

DEMOKRIT

Die *Zukunft*
gehört denen,
die an die Wahrhaftigkeit
ihrer Träume glauben.

ELEANOR ROOSEVELT

Ein einziger Grundsatz
wird dir *Mut* geben,
nämlich der, dass kein Übel ewig währt.

EPIKUR VON SAMOS

Gib jedem Tag die Chance,

der *schönste*

deines Lebens zu werden.

MARK TWAIN

Ich wache jeden *Morgen*
mit dem Glauben auf,
dass heute besser als gestern sein wird.

WILL SMITH

Mut und *Liebe* haben eines gemeinsam:
Beide werden von der Hoffnung genährt.

NAPOLEON BONAPARTE

Große Veränderungen
in unserem Leben können
eine zweite *Chance* sein.

HARRISON FORD

Aufhören können
ist keine Schwäche,
es ist eine *Stärke.*

INGEBORG BACHMANN

Wenn der *Weg* unendlich scheint
und plötzlich nichts mehr gehen will,
gerade dann darfst du nicht zaudern.

DAG HAMMARSKJÖLD

Drei Dinge helfen,
die Mühseligkeiten des *Lebens* zu tragen:
die Hoffnung, der Schlaf und das Lachen.

IMMANUEL KANT

Aus dem Leid
schöpft die *Kunst*
die erhabensten Eingebungen.

MICHELANGELO BUONARROTI

Das Wort Krise setzt sich im Chinesischen

aus zwei Schriftzeichen zusammen –

das eine bedeutet *Gefahr*

und das andere *Gelegenheit*.

JOHN F. KENNEDY

Es kommt der Tag,
der alles *lösen* wird.

FRIEDRICH VON SCHILLER

Entschlossenheit im Unglück
ist immer der halbe Weg zur Rettung.

JOHANN HEINRICH PESTALOZZI

Tapferkeit
wird dadurch nicht schlechter,
dass sie ein wenig schwerfällt.

GEORGE BERNARD SHAW

Es gibt überall *Blumen*
für den, der sie sehen will.

HENRI MATISSE

Ein *Optimist* ist ein Mensch,
der alles halb so schlimm
oder doppelt so gut findet.

HEINZ RÜHMANN

Fang nie an *aufzuhören,*
hör nie auf *anzufangen.*

MARCUS TULLIUS CICERO

Ein *Mensch*, der da isst und trinkt
und hat guten Mut bei all seinem Mühen,
das ist eine Gabe Gottes.

PREDIGER 3,13

Jeder neue Tag hat zwei Griffe.
Wir können ihn am Griff der Ängstlichkeit
oder am Griff der
Zuversicht halten.

HENRY WARD BEECHER

Courage ist gut,
aber Ausdauer ist besser.
THEODOR FONTANE

Wenn du es dir *vorstellen* kannst,
kannst du es auch tun.

WALT DISNEY

Wer *Großes* versucht,
ist bewundernswert,
auch wenn er fällt.

LUCIUS ANNAEUS SENECA

Es sind nicht die *Erfolge*,
aus denen man lernt,
sondern die Fiaskos.

COCO CHANEL

Der Grund, warum Vögel fliegen können
und wir nicht,
ist der, dass sie voller *Zuversicht* sind,
und wer zuversichtlich ist, dem wachsen Flügel.

SIR JAMES MATTHEW „J.M." BARRIE

Man muss sich durch
die kleinen *Gedanken*,
die einen ärgern, immer wieder
hindurchfinden zu den großen Gedanken,
die einen stärken.

DIETRICH BONHOEFFER

Tränen reinigen das *Herz.*

FJODOR MICHAILOWITSCH DOSTOJEWSKI

Das *Leben*
muss nicht leicht sein,
wenn es nur
inhaltsreich ist.

LISE MEITNER

Wenn die anderen glauben,
man ist am Ende, so muss man
erst richtig *anfangen.*

KONRAD ADENAUER

Es gibt zwei Arten, sein Leben zu leben:
Entweder so, als wäre nichts ein *Wunder*,
oder so, als wäre alles eines.

ALBERT EINSTEIN

Wer nicht
von der *Vergangenheit* lernt,
wird von der Zukunft dafür bestraft.

ADELE ELISA GRÄFIN VON BREDOW-GÖRNE

Hoffnungslosigkeit zu überwinden
gleicht einem
vorweggenommenen *Sieg.*

UNBEKANNT

Wir sollten alles gleichermaßen
vorsichtig wie auch *zuversichtlich*
angehen.

EPIKTET

Der *Optimist* hat nicht
weniger oft unrecht
als der Pessimist,
aber er lebt froher.

CHARLIE RIVEL

Die *Kunst* ist,
einmal mehr aufzustehen,
als man umgeworfen wird.

WINSTON CHURCHILL

Wir können wohl
das Glück entbehren,
aber nicht die Hoffnung.
THEODOR STORM

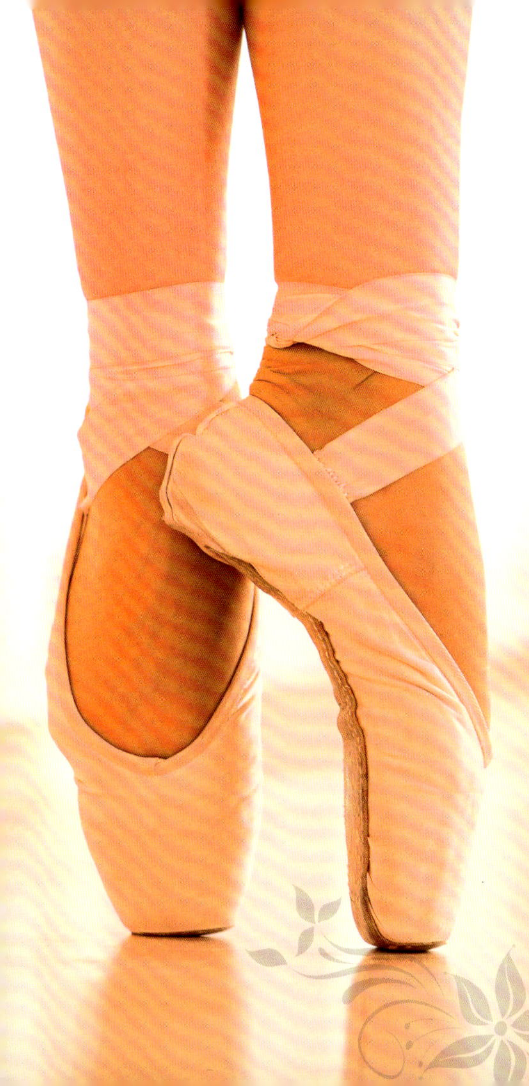

Ein Gramm *Beispiel*
gilt mehr als
ein Zentner guter Worte.

FRANZ VON SALES

Aus jedem Tag das *Beste*
zu machen, das ist die größte Kunst.

HENRY DAVID THOREAU

Habe keine Angst,
das Gute aufzugeben,
um das Großartige zu erreichen.
JOHN DAVISON ROCKEFELLER

Oft muss man erst durch *Wolken* dringen,
eh man des Himmels Blau entdeckt:
So lässt das Gute sich erringen,
weil sich das Beste nur versteckt.

HOFFMANN VON FALLERSLEBEN

Probleme sind verkleidete *Möglichkeiten.*

HENRY FORD

Wege entstehen dadurch,
dass man sie geht.

FRANZ KAFKA

Der einzige Mist,
auf dem nichts *wächst,*
ist der Pessimist.

THEODOR HEUSS

Auch aus Steinen,
die einem in den Weg
gelegt werden,
kann man *Schönes* bauen.

JOHANN WOLFGANG VON GOETHE

Der *Lauf* der Dinge

lehrt uns allenthalben *Zuversicht.*

RALPH WALDO EMERSON

Nur wer seinen
eigenen *Weg* geht,
kann von niemandem überholt werden.

MARLON BRANDO

Nicht der *Beginn* wird belohnt,
sondern einzig
und allein das Durchhalten.

KATHARINA VON SIENA

Vertraue nur
dir selbst,
wenn andere an dir zweifeln,
aber nimm ihnen
ihre Zweifel nicht übel.

JOSEPH RUDYARD KIPLING

Mehr als die Vergangenheit
interessiert mich die *Zukunft*,
denn in ihr gedenke ich zu leben.

ALBERT EINSTEIN

Da, wo der *Wille* groß ist,
können die Schwierigkeiten
nicht groß sein.

NICCOLÓ MACHIAVELLI

Wenn wir uns
in einer Krise zu *bewähren* haben,
dann werden uns auch
die Kräfte *zuwachsen*.

RICHARD VON WEIZSÄCKER

Wende dein Gesicht der *Sonne* zu,
und du kannst den Schatten
nicht sehen.

HELEN KELLER

Ein Pfund *Mut*
wiegt mehr
als eine Tonne Glück.

JAMES GARFIELD

Wer nichts wagt,
der darf nichts *hoffen*.

FRIEDRICH SCHILLER

Man braucht nichts im *Leben*
zu fürchten, man muss
nur alles verstehen.

MARIE CURIE

Alle *Träume* können
wahr werden, wenn wir
den Mut haben, ihnen zu folgen.

WALT DISNEY

Nach Leiden und Verlusten
werden die Menschen
bescheidener und weiser.

BENJAMIN FRANKLIN

Alle Finsternis der ganzen Welt
ist nicht imstande, das *Licht*
auch nur einer einzigen Kerze auszulöschen.

GUY DE LARIGAUDI

Wer nicht
an *Wunder*
glaubt, ist kein Realist.

DAVID BEN-GURION

Zukunft

Die Zukunft hat viele Namen:

Für Schwache ist sie das *Unerreichbare,*

für die Furchtsamen das *Unbekannte,*

für die Mutigen die *Chance.*

VICTOR HUGO

Das wahre *Geheimnis*
des Erfolgs
ist die Begeisterung.

WALTER PERCY CHRYSLER

Versuchen wir uns doch
einmal entschieden
auf die Seite des *Positiven*
zu stellen, in jeder Sache.

CHRISTIAN MORGENSTERN

An den Scheidewegen
des *Lebens* stehen
keine Wegweiser.

CHARLIE CHAPLIN

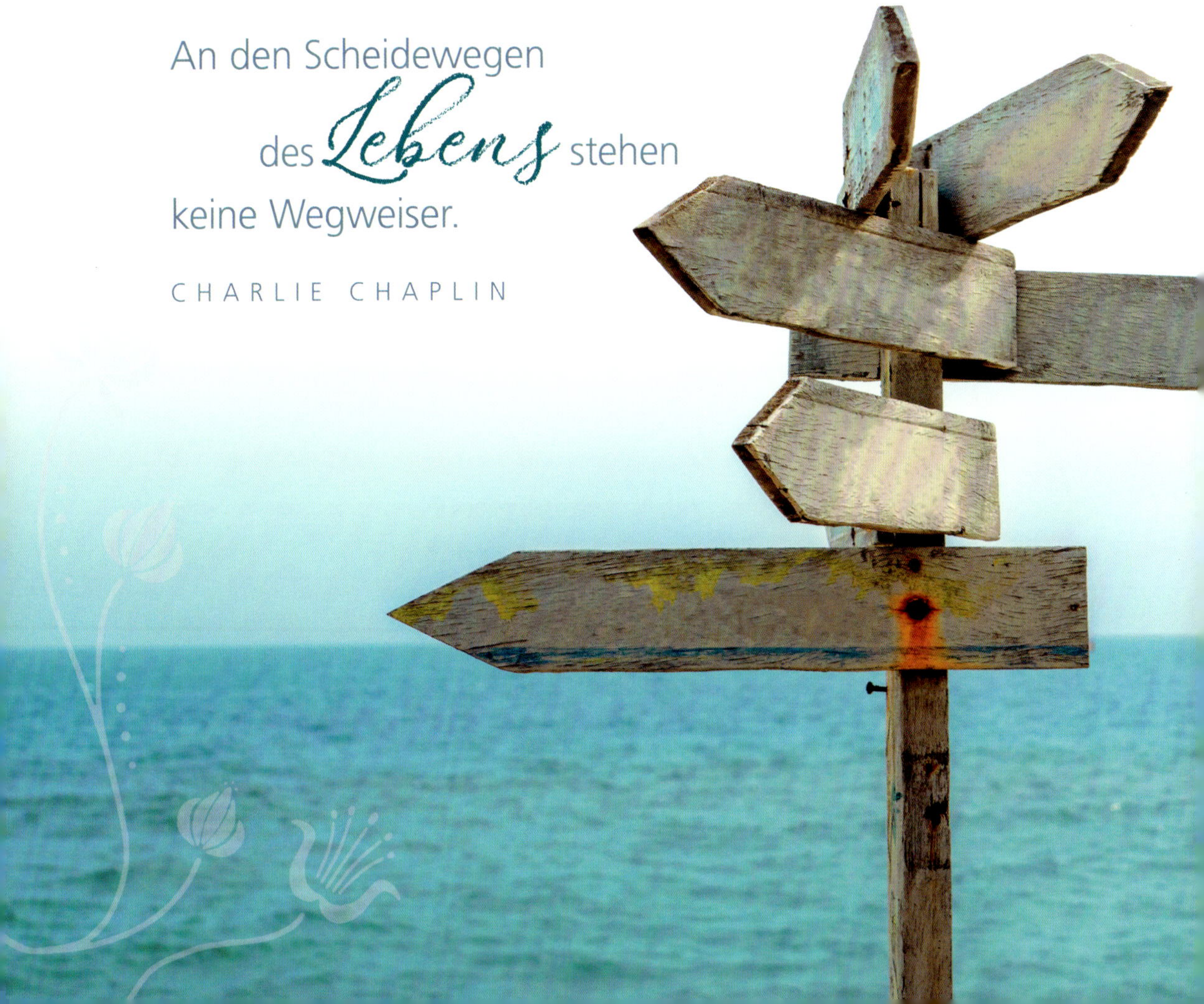

Der *Weg* zum Ziel beginnt
an dem Tag, an dem du
die hundertprozentige Verantwortung
für dein Leben übernimmst.

DANTE ALIGHIERI

Man hat nur Angst, wenn man mit sich selber nicht *einig* ist.

HERMANN HESSE

Vollständige *Sorglosigkeit*
und eine
unerschütterliche Zuversicht
sind das Wesentliche eines glücklichen Lebens.

THOMAS VON AQUIN

Unser größter Ruhm ist nicht,
niemals zu fallen,
sondern jedes Mal
wieder *aufzustehen*.

NELSON MANDELA

Für *alles*,
was du verpasst hast,
hast du etwas anderes gewonnen.

RALPH WALDO EMERSON

Die meisten großen Taten,
die meisten großen *Gedanken*
haben einen belächelnswerten Anfang.

ALBERT CAMUS

Die einzigen
wirklichen Feinde eines *Menschen*
sind seine eigenen negativen Gedanken.

ALBERT EINSTEIN

Je größer die Schwierigkeit,
die man überwunden hat,
desto größer der *Sieg.*

MARCUS TULLIUS CICERO

An unmöglichen *Dingen*
soll man selten verzweifeln,
an schweren nie.

JOHANN WOLFGANG VON GOETHE

Fallen ist weder gefährlich
noch eine Schande.
Liegenbleiben ist beides.

KONRAD ADENAUER

Hoffnung und Freude
sind die besten Ärzte.

WILHELM RAABE

Dem *Tapferen* sind
glückliche und unglückliche Geschicke
wie seine rechte und linke Hand.
Er bedient sich beider.

KATHARINA VON SIENA

Die wahre *Lebenskunst*

besteht darin, im Alltäglichen das

Wunderbare zu sehen.

PEARL S. BUCK

Die *Lösung* ist immer einfach,
man muss sie nur finden.

ALEXANDER SOLSCHENIZYN

Gib das, was dir *wichtig* ist,
niemals auf, nur weil
es nicht einfach ist.

ALBERT EINSTEIN

Wahrlich, keiner ist *weise*,
der nicht das Dunkel kennt.

HERMANN HESSE

Aus Krisen
erwachsen auch immer
neue Kräfte.
RITA SÜSSMUTH

Habe *Geduld* in allen Dingen,
vor allem aber mit dir selbst.

FRANZ VON SALES

Schlägt dir die *Hoffnung* fehl,
nie fehle dir das Hoffen!
Ein Tor ist zugetan,
doch tausend sind noch offen.

FRIEDRICH RÜCKERT

Auch eine schwere Tür
hat nur einen kleinen *Schlüssel* nötig.

CHARLES DICKENS

Das Glück deines Lebens
hängt von der Beschaffenheit
deiner Gedanken ab.
MARC AUREL

Es ist nie zu spät.
Nie zu spät,
von vorne anzufangen.
Nie zu spät,
um *glücklich*
zu sein.

JANE FONDA

Die Tränen lassen
nichts *gewinnen*,
wer schaffen will,
muss fröhlich sein.

THEODOR FONTANE

Das Scheitern ist das Gewürz,

das dem *Erfolg* seinen Geschmack gibt.

TRUMAN CAPOTE

Ich *beschäftige* mich nicht mit dem,
was getan worden ist.
Mich interessiert, was getan werden muss.

MARIE CURIE

Es ist nicht der *Berg*,
den wir bezwingen –
wir bezwingen uns selbst.

EDMUND HILLARY

Nenne dich nicht arm,
weil deine *Träume*
nicht in Erfüllung gegangen sind;
wirklich arm ist nur, der nie geträumt hat.

MARIE VON EBNER-ESCHENBACH

Misserfolg ist lediglich
eine Gelegenheit,
mit neuen *Ansichten*
noch einmal anzufangen.

HENRY FORD

Dein *Auge* kann die Welt
trüb oder hell dir machen:
Wie du sie ansiehst,
wird sie weinen oder *lachen.*

FRIEDRICH RÜCKERT

Einen *Vorsprung* im Leben hat,
wer da anpackt,
wo die anderen erst einmal reden.

JOHN F. KENNEDY

Auf einfache *Wege*
schickt man
nur die Schwachen.

HERMANN HESSE

Tapferkeit wird
dadurch nicht schlechter,
dass sie ein wenig schwerfällt.

GEORGE BERNARD SHAW

Die wahren *Optimisten*
sind nicht überzeugt, dass alles
gutgehen wird. Aber sie sind überzeugt,
dass nicht alles schiefgehen wird.

FRIEDRICH SCHILLER

Ausdauer

Zwei *Dinge* sind zu unserer Arbeit nötig:
unermüdliche Ausdauer und die *Bereitschaft*,
etwas, in das man viel Zeit und Arbeit gesteckt hat,
wieder *wegzuwerfen*.

ALBERT EINSTEIN

Das *Glück*
ist mit den Mutigen.

VIRGIL

Ganz und gar man selbst zu sein
kann schon
einigen *Mut* erfordern.

SOPHIA LOREN

Wer sich nicht
selbst *helfen* will,
dem kann niemand helfen.

JOHANN HEINRICH PESTALOZZI

Man *entdeckt* keine neuen Erdteile,
ohne den Mut zu haben,
alte Küsten aus den Augen zu verlieren.

ANDRÉ GIDE

Ich bin nicht gescheitert –
ich habe 10.000 *Wege* entdeckt,
die nicht funktioniert haben.

THOMAS ALVA EDISON

Wir brauchen nicht so fortzuleben,
wie wir gestern gelebt haben.
Machen wir uns von dieser Anschauung los,
und tausend
Möglichkeiten
laden uns zu neuem Leben ein.

CHRISTIAN MORGENSTERN

Ich fühle mich sehr abenteuerlustig.
Es gibt noch so viele *Türen,*
die zu öffnen sind, und ich habe
keine Angst, dahinter zu schauen.

ELIZABETH TAYLOR

Wer kämpft, kann *verlieren*.
Wer nicht kämpft, hat schon verloren.

BERTOLT BRECHT

Unsere *Träume* können wir
erst dann verwirklichen, wenn wir uns entschließen,
einmal daraus zu erwachen.

JOSEPHINE BAKER

Handeln ist das *Gegenmittel*

zur Verzweiflung.

JOAN BAEZ

Der Langsamste, der sein *Ziel*
nicht aus den Augen verliert,
geht noch immer geschwinder als jener,
der ohne Ziel umherirrt.

GOTTHOLD EPHRAIM LESSING

In allen Dingen ist *hoffen*
besser als verzweifeln.

JOHANN WOLFGANG VON GOETHE

Krise ist ein *produktiver* Zustand.
Man muss ihm nur den Beigeschmack
der Katastrophe nehmen.

MAX FRISCH

Halte dir jeden Tag 30 Minuten
für deine Sorgen frei und in dieser *Zeit*
mache ein Nickerchen.

ABRAHAM LINCOLN

Was mich nicht umbringt,
macht mich *stärker.*

FRIEDRICH NIETZSCHE

Das *Glück* des Lebens
besteht nicht darin,
wenig oder keine Schwierigkeiten zu haben,
sondern sie alle siegreich
und glorreich zu überwinden.

CARL HILTY

Der Kummer,
der nicht spricht,
nagt leise
an dem *Herzen*,
bis es bricht.

WILLIAM SHAKESPEARE

Unverhofft wird dereinst
die glückliche Stunde zu dir kommen.

HORAZ

Coverfoto: Shutterstock.com
Bilder im Innenteil: Shutterstock.com
Gesamtgestaltung: Atelier Lehmacher
Konzept | Medien-Design | Text, Friedberg

Gesamtherstellung: Levent Ofset, Istanbul

ISBN 978-3-629-00668-4

www.geschenkverlage.de

2 4 5 3 1

MIX
From responsible
sources
FSC® C043979
www.fsc.org